BASIQUES

Sue Quinn

Photographies de Victoria Wall Harris

MARABOUT

casserole
pinces
planche à découper
couteau

LES SEULS USTENSILES DONT VOUS AUREZ BESOIN

SOMMAIRE

SIMPLE ET BON !

Il arrive aux cuisiniers les plus expérimentés d'avoir du mal à préparer un repas, par manque de temps, d'ingrédients ou d'inspiration. De nombreuses recettes modernes sont en outre longues, complexes et nécessitent de passer de nombreuses heures en cuisine. Et l'offre est tellement vaste ! Tout le monde a besoin d'un répertoire de plats basiques, inratables et savoureux à sortir de sa toque en toute occasion. C'est l'objectif de ce livre. Que vous soyez un cuisinier débutant ou confirmé, ces recettes vous permettront d'acquérir et de consolider toutes les bases en cuisine.

Chaque recette nécessite un petit nombre d'ingrédients, et les instructions sont simples. Même si certains plats exigent une cuisson longue pour en développer les arômes, le temps de préparation est court.

Ces recettes démontrent également que « cuisine basique » ne signifie pas « cuisine ennuyeuse », loin de là ! N'oubliez pas d'ailleurs qu'elles ne sont pas gravées dans le marbre, surtout lorsqu'elles sont simples : une fois que vous maîtrisez ces recettes, laissez place à votre imagination et modifiez-les en fonction de vos goûts. Ajoutez des herbes et des épices, et remplacez certains ingrédients par d'autres. Ces recettes de base sont faites pour être adaptées !

LES BASES DE LA CUISINE

Suivez ces conseils pour cuisiner vos basiques, vous améliorerez vos chances de réussite !

1.

UN PLACARD BIEN REMPLI
Ayez toujours des placards bien garnis. Voici quelques ingrédients utiles à avoir sous la main : tomates et haricots en conserve, pâtes, bouillon en cubes ou en poudre, épices et herbes séchées, condiments (sauce soja, ketchup, moutarde, sauce aux piments), huiles (d'olive, d'arachide), vinaigre, farines et sucres.

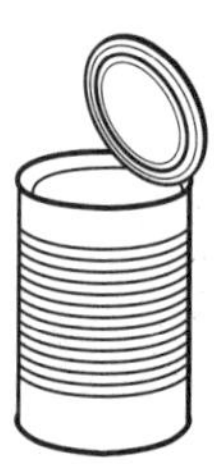

2.

UN CONGÉLATEUR BIEN REMPLI
Les aliments congelés sont pratiques. Faites des réserves de produits qui se congèlent bien, tels les petits pois, les épinards, les fruits rouges, le poisson, les crevettes, les calamars et les pâtes à tarte.

3.

FAIRE SOUVENT LES COURSES
Achetez les ingrédients frais (fruits, légumes et viande) régulièrement (tous les deux ou trois jours), en petites quantités, et conservez-les au réfrigérateur.

4.

SORTIR LES INGRÉDIENTS
Sortez les ingrédients du réfrigérateur (notamment la viande, le poisson, les œufs et le fromage) et laissez-les revenir à température ambiante avant cuisson.

5.

METTRE EN PLACE
Hachez, émincez et pesez les ingrédients avant de commencer.

6.

UTILISER DES HERBES FRAÎCHES
Hachez les herbes aromatiques fraîches à la dernière minute pour qu'elles conservent leur couleur.

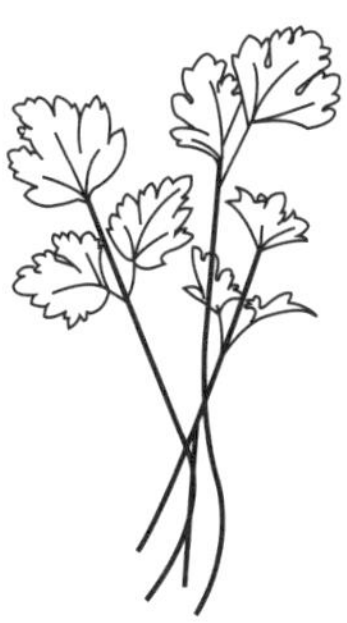

7.

LIRE LA RECETTE ET ÊTRE ORDONNÉ
Lisez la liste d'ingrédients et la recette au minimum deux fois avant de commencer. Pendant la préparation, placez les déchets dans un récipient pour avoir un plan de travail propre et rangez les ingrédients au fur et à mesure.

8.

GOÛTER
Goûtez les préparations en cours de préparation et ajoutez du sel, du poivre ainsi que des assaisonnements (piment, jus de citron…).

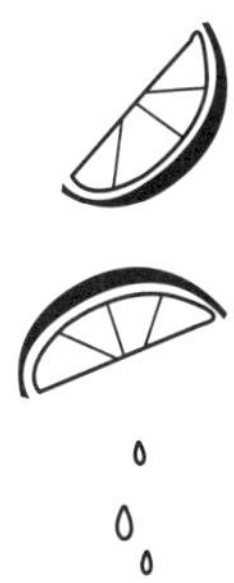

UN PEU DE TECHNIQUE

Ces différentes techniques de préparation et de cuisson vous serviront indéfiniment. En les maîtrisant bien, vous obtiendrez des résultats proches de la perfection.

HACHER UN OIGNON

Coupez l'extrémité qui forme une pointe. Posez l'oignon sur la face coupée et coupez-le en deux. Ôtez la pelure sans retirer les racines. Posez les demi-oignons à plat et coupez-les en lamelles parallèles en partant de la racine, puis taillez-les en dés réguliers.

FAIRE CUIRE LES PÂTES

Pour 100 g de pâtes, portez 1 litre d'eau à ébullition dans une grande casserole. Ajoutez 1 cuillerée à café de sel, mélangez. Versez les pâtes et faites-les cuire le temps indiqué sur l'emballage, en remuant de temps en temps, jusqu'à ce qu'elles soient al dente.

FAIRE CUIRE UNE PÂTE À BLANC

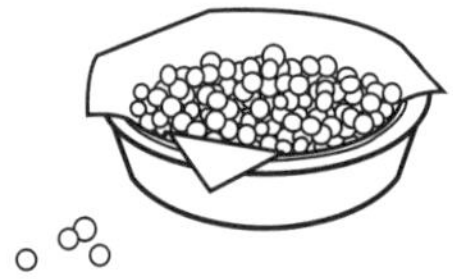

Faites précuire les pâtes à tarte avant d'y ajouter une garniture non cuite. Préchauffez le four à la température indiquée. Chemisez le moule avec la pâte en la faisant remonter sur les bords, et coupez l'excédent. Piquez le fond avec une fourchette, tapissez-le de papier de cuisson froissé et recouvrez ce dernier de billes de céramique ou de riz. Enfournez pour 15 minutes. Retirez les billes et le papier et poursuivez la cuisson 5 à 10 minutes, jusqu'à ce que la pâte soit légèrement dorée et sèche au toucher.

MATÉRIEL UTILE

Les ustensiles de cette liste pourront vous être utiles. Certains ne servent que rarement, mais il est préférable de les avoir au cas où.

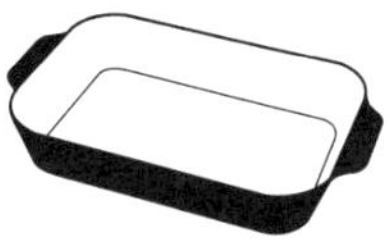	PLAT À GRATIN	Lorsque vous avez besoin d'un plat plus petit qu'une plaque de cuisson.
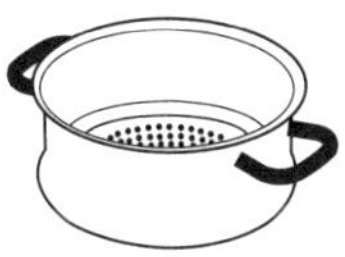	PANIER VAPEUR	Pour cuire des légumes ou du poisson.
	RAMEQUINS	Pour les desserts et les œufs cocotte.
	MOULE À BUNDT CAKE	Pour donner une jolie forme à vos bundt cakes et autres gâteaux.
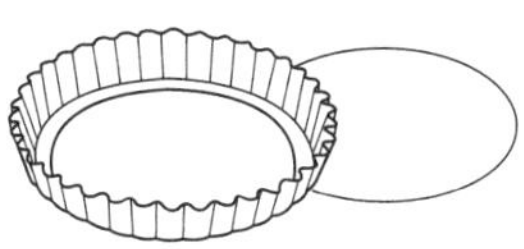	MOULE À TARTE	Les moules à fond amovible facilitent le démoulage.
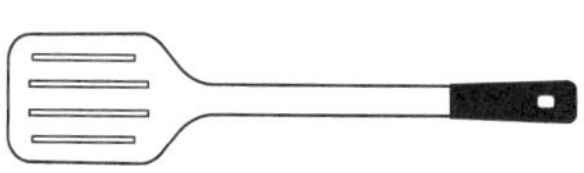	SPATULE	Idéale pour retourner les œufs, la viande et le poisson.
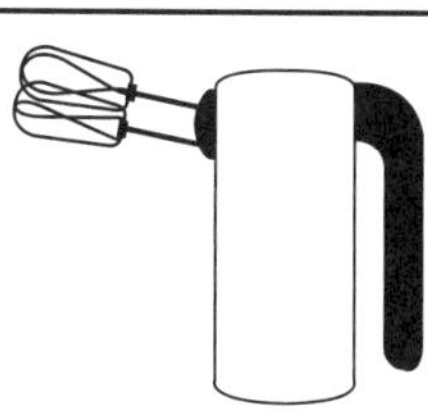	FOUET ÉLECTRIQUE	Pour fouetter et battre plus rapidement.

SAUCE BÉCHAMEL

Préparation : 5 minutes
Cuisson : 5 minutes

pour environ 550 ml/500 g

500 ml de lait entier
½ oignon épluché
2 feuilles de laurier
40 g de beurre doux
2 c. à s. de farine
sel et poivre noir du moulin

Faites chauffer le lait, l'oignon et le laurier dans une casserole jusqu'à ce que le lait fume. Retirez du feu. Faites fondre le beurre dans une casserole. Ajoutez la farine et faites-la cuire 1 minute à feu moyen, en remuant. Hors du feu, incorporez progressivement le lait chaud en fouettant (jetez l'oignon et le laurier). Faites cuire à petit feu, en remuant, pour que la sauce épaississe. Salez et poivrez.

SAUCE BÉARNAISE

Préparation : 5 minutes
Cuisson : 10 minutes

pour 250 ml

80 ml de vinaigre de vin blanc ou à l'estragon
2 c. à s. d'oignon finement haché
2 jaunes d'œufs
150 g de beurre coupé en dés
1 c. à s. d'estragon ciselé
sel et poivre noir du moulin

Faites réduire le vinaigre avec l'oignon et une bonne partie de l'estragon à petit feu, pour qu'il n'en reste que 2 c. à s. Filtrez et laissez refroidir. Battez les jaunes d'œufs avec 1 c. à s. d'eau et incorporez au vinaigre. Faites cuire à feu doux, en fouettant, jusqu'à ce que la préparation épaississe. Incorporez le beurre, en fouettant, à feu très doux. Ajoutez le reste de l'estragon. Salez, poivrez.

MAYONNAISE

Préparation : 15 minutes

pour environ 250 g/300 ml

2 jaunes d'œufs
jus de citron
2 c. à s. d'huile d'olive
250 ml d'huile végétale
1 c. à c. bombée de moutarde de Dijon
½ gousse d'ail pilée (facultatif)
1 belle pincée de fleur de sel
1 pincée de poivre blanc

Fouettez les jaunes d'œufs avec quelques gouttes de jus de citron, du sel et du poivre, jusqu'à l'obtention d'un mélange épais et clair. Incorporez l'huile d'olive, goutte par goutte, en fouettant, puis l'huile végétale. Goûtez et ajoutez au besoin de l'ail, du sel, du poivre ou du jus de citron, et un peu d'eau tiède si la mayonnaise est trop épaisse.

SAUCE TOMATE

Préparation : 5 minutes
Cuisson : 50 minutes

pour 4 personnes

800 g de tomates pelées en conserve
2 gousses d'ail écrasées sous la lame d'un couteau
1 oignon finement haché
1 pincée de sucre en poudre
2 c. à s. d'huile d'olive
1 poignée de feuilles de basilic
sel et poivre noir du moulin

Faites sauter l'ail dans l'huile. Jetez-le. Faites revenir l'oignon dans la même casserole pendant 15 à 20 minutes. Ajoutez les tomates, cassez-les à l'aide d'une cuillère, puis incorporez le sucre. Salez, poivrez. Laissez mijoter 25 minutes, sans couvrir. Versez 150 ml d'eau et poursuivez la cuisson 5 minutes. Mixez pour obtenir une sauce onctueuse. Ajoutez le basilic.

VINAIGRETTE

Préparation : 5 minutes

pour 60 ml

1 c. à s. de jus de citron
½ c. à c. de moutarde de Dijon
2 c. à s. d'huile végétale
1 c. à s. d'huile d'olive vierge extra
sel et poivre noir du moulin

Mettez tous les ingrédients dans un bocal muni d'un couvercle et secouez bien.

SAUCE CRÉMEUSE

Préparation : 5 minutes

pour 80 ml

3 c. à s. de mayonnaise
2 c. à s. de vinaigre de vin blanc ou de champagne
2 c. à c. de miel
2 c. à c. de moutarde à l'ancienne
sel et poivre noir du moulin

Mettez tous les ingrédients dans un bocal muni d'un couvercle et secouez bien.

SAUCE AU CHOCOLAT

Préparation : 5 minutes
Cuisson : 5 minutes

pour 300 ml

250 ml de crème fraîche épaisse entière
100 g de chocolat noir coupé en morceaux
2 c. à s. de sirop d'érable ou de miel liquide

Faites chauffer tous les ingrédients dans une casserole, sur feu doux à moyen, en mélangeant de temps en temps jusqu'à ce que le chocolat soit fondu. Poursuivez la cuisson à feu doux, en remuant : vous devez obtenir une sauce onctueuse. Servez-la tiède ou froide.

SAUCE AU CARAMEL

Préparation : 2 minutes
Cuisson : 10 minutes

pour 250 ml

160 g de vergeoise blonde
120 ml de crème fraîche épaisse entière
1 c. à s. de sirop d'érable ou de miel liquide
1 c. à c. d'extrait de vanille
2 c. à s. de beurre doux

Fouettez le sucre, le sirop d'érable et 50 ml d'eau dans une casserole. Faites chauffer à feu moyen jusqu'à ce que le sucre soit dissous, puis laissez bouillir pendant 3 minutes. Hors du feu, incorporez la crème fraîche. Ajoutez la vanille puis le beurre. Faites épaissir à feu doux, en remuant, pendant 5 minutes. Servez cette sauce tiède ou froide.

SOUPES, SALADES & SNACKS

Sandwichs grillés, salades vertes ou délicieux dips pouvant être servis en soirée, vous apprécierez ces plats simples et légers.

SOUPE MISO

Préparation : 5 minutes
Cuisson : moins de 5 minutes

pour 2 personnes

600 ml de bouillon dashi (ou de bouillon de volaille ou de légumes)
100 g de tofu coupé en dés de 1 cm de côté
2 oignons verts finement émincés
2 cuillerées à soupe de pâte miso
1 feuille de nori grillée coupée en fines lanières (facultatif)

recette

Faites chauffer le bouillon dashi jusqu'à ce qu'il soit bien chaud. Ajoutez les oignons verts, le tofu et éventuellement le nori. Laissez mijoter 1 minute pour réchauffer le tofu. Dans un bol, délayez la pâte miso dans 3 cuillerées à soupe de bouillon chaud et mélangez bien. Versez dans la casserole, mélangez et servez.

GASPACHO

Préparation : 10 minutes + Trempage et réfrigération : 1 h 20

pour 4 personnes

1 kg de tomates mûres hachées
400 g de concombre épluché et haché
85 g de pain blanc rassis, coupé en morceaux
150 ml d'huile d'olive vierge extra
3 gousses d'ail hachées
2 cuillerées à soupe de vinaigre de xérès
menthe fraîche ciselée, pour servir
sel et poivre noir du moulin

recette

Faites tremper le pain dans un peu d'eau froide pendant 20 minutes. Pressez-le pour ôter le liquide, mettez-le dans un blender avec les tomates, le concombre, l'ail et ½ cuillerée à café de sel. Mixez jusqu'à l'obtention d'une préparation bien lisse. Filtrez-la à travers un tamis. Ajoutez l'huile d'olive et le vinaigre, salez, poivrez. Réfrigérez pendant 1 heure au minimum. Goûtez et rectifiez l'assaisonnement. Garnissez de menthe ciselée. Servez.

SOUPE DE CAROTTE & CORIANDRE

Préparation : 10 minutes
Cuisson : 30 minutes

pour 4 personnes

1 kg de carottes coupées en petits dés
1,2 l de bouillon de légumes ou de volaille
2 cuillerées à café de graines de coriandre légèrement torréfiées et pilées dans un mortier
2 cuillerées à soupe de beurre fondu
1 cuillerée à soupe d'huile d'olive
coriandre ciselée, pour servir
sel et poivre noir du moulin

recette

Faites chauffer le beurre et l'huile dans une casserole jusqu'à ce que le beurre mousse. Ajoutez les carottes et les graines de coriandre, salez, poivrez. Faites légèrement colorer les carottes pendant 5 minutes, sur feu moyen à vif, en remuant. Versez le bouillon et laissez cuire 20 minutes. Mixez au blender pour obtenir une soupe onctueuse. Remettez-la dans la casserole et réchauffez-la. Salez, poivrez et garnissez de coriandre. Servez.

MINESTRONE DETOX

Préparation : 5 minutes
Cuisson : 50 minutes

pour 2 à 4 personnes

400 g de tomates olivettes hachées
250 g de haricots blancs cuits ou 400 g de haricots en boîte, en réservant le liquide
60 g de chou noir (ou de chou vert) finement émincé
1 oignon haché
½ à 1 cuillerée à soupe de pesto
1 cuillerée à soupe d'huile d'olive
sel et poivre noir du moulin

recette

Faites chauffer l'huile dans une casserole. Ajoutez l'oignon, salez-le légèrement et faites-le revenir 10 minutes environ. Ajoutez les tomates puis les haricots, le chou et 500 ml du liquide de la boîte de conserve ou d'eau. Salez, poivrez et laissez mijoter 40 minutes. Si nécessaire, ajoutez de l'eau pour obtenir la consistance d'une soupe. Incorporez le pesto et prolongez la cuisson de 5 minutes. Servez.

SALADE DE TOMATES & BURRATA

Préparation : 5 minutes + Repos : 20 minutes

pour 4 personnes, en accompagnement ou en entrée

4 grosses tomates mûres, si possible des variétés anciennes
1 poignée de feuilles de basilic
2 grosses boules de burrata
huile d'olive, pour arroser
sel et poivre noir du moulin

recette

Coupez les tomates en quartiers, mettez-les dans une passoire et salez-les. Ciselez les feuilles de basilic (réservez-en quelques-unes) et mélangez-les avec les tomates. Posez la passoire au-dessus d'un saladier et laissez égoutter 20 minutes. Arrosez les tomates d'un filet d'huile et mélangez. Coupez les boules de burrata et répartissez-les dans les assiettes. Disposez les tomates autour, arrosez d'un filet d'huile d'olive, poivrez et garnissez avec les feuilles de basilic restantes. Servez.

SALADE DE TOMATES & VINAIGRETTE AU SUMAC

Préparation : 5 minutes + Repos : 10 minutes

pour 4 personnes, en accompagnement

450 g de tomates de différentes couleurs
3 cuillerées à soupe d'huile d'olive vierge extra
1 cuillerée à soupe de jus de citron
½ cuillerée à soupe de mélasse de grenade (dans les épiceries fines, ou de vinaigre balsamique)
1 cuillerée à café de sumac
1 petite poignée de feuilles de menthe ciselées
sel

recette

Coupez les tomates en quartiers, mettez-les dans une passoire au-dessus d'un saladier et saupoudrez de sel. Laissez égoutter 10 minutes. Fouettez les autres ingrédients, excepté la menthe. Disposez les tomates sur un plat, arrosez-les de vinaigrette et garnissez avec la menthe. Servez.

SALADE VERTE TOUTE SIMPLE

Préparation : 5 minutes

pour 2 à 4 personnes

1 grosse laitue romaine effeuillée
60 ml de vinaigrette ou de sauce crémeuse (voir p. 14)
2 poignées de feuilles de salade mélangées (roquette, pissenlit, oseille ou herbes aromatiques tendres)
sel et poivre noir du moulin

recette

Mélangez la laitue et les autres feuilles de salade dans un saladier.
Ajoutez juste assez de sauce pour enrober les feuilles et mélangez.
Salez, poivrez et servez.

GUACAMOLE

Préparation : 5 minutes

pour 4 personnes

2 gros avocats mûrs
1 tomate mûre coupée en petits dés
1 gousse d'ail pilée
1 cuillerée à soupe de jus de citron vert
Tabasco®, pour assaisonner
sel et poivre noir du moulin

recette

Prélevez la chair des avocats à l'aide d'une cuillère et écrasez-la grossièrement à la fourchette dans un saladier. Incorporez l'ail, le jus de citron vert, du sel et du poivre. Ajoutez la tomate, quelques gouttes de Tabasco® et mélangez délicatement. Goûtez et rectifiez l'assaisonnement. Servez.

CAVIAR D'AUBERGINES

Préparation : 5 minutes
Cuisson : 20 à 30 minutes

pour environ 300 g

2 grosses aubergines piquées avec une fourchette
1 cuillerée à soupe de yaourt à la grecque
1 cuillerée à soupe bombée de tahini
1 cuillerée à soupe d'huile d'olive vierge extra
1 cuillerée à soupe de jus de citron + un filet
sel et poivre noir du moulin

recette

Préchauffez le gril du four. Faites cuire les aubergines entières, en les retournant souvent, jusqu'à ce que leur peau noircisse et que la chair soit bien souple. Prélevez cette dernière et écrasez-la dans un bol. Jetez la peau. Ajoutez les autres ingrédients à l'aubergine cuite. Goûtez, salez, poivrez et ajoutez au besoin un filet supplémentaire de jus de citron. Servez avec du pain pita.

DIP AUX HARICOTS BLANCS & AU YAOURT

Préparation : 10 minutes

pour environ 250 g ou 4 personnes

400 g de haricots blancs en conserve (cannellini, haricots cocos), soit 240 g égouttés, en réservant le liquide
1 gousse d'ail
1 cuillerée à soupe bombée de yaourt à la grecque
1 cuillerée à soupe d'huile d'olive vierge extra + un filet
1 filet de jus de citron
¾ à 1 cuillerée à café de cumin en poudre
sel et poivre noir du moulin

recette

Mixez tous les ingrédients dans un blender jusqu'à l'obtention d'un mélange onctueux. Salez et poivrez. Ajoutez un peu de liquide de la boîte de haricots afin d'obtenir une consistance crémeuse. Goûtez et, si nécessaire, rectifiez l'assaisonnement. Arrosez d'un filet d'huile et servez.

CROQUE-FROMAGE MINUTE

Préparation : 5 minutes
Cuisson : 6 minutes

pour 1 personne

50 g de gruyère, de comté ou de cheddar (ou un mélange) râpés
2 tranches de pain de mie ou brioché
15 g de beurre + un peu pour tartiner

recette

Beurrez les deux faces des tranches de pain. Garnissez une tranche avec le fromage, recouvrez avec l'autre tranche et pressez. Faites chauffer le beurre dans une poêle. Faites cuire le sandwich sur feu moyen à vif pendant 2 ou 3 minutes, jusqu'à ce qu'il soit bien doré. Retournez-le, appuyez avec une spatule et poursuivez la cuisson pour que le fromage fonde et que l'autre face soit également dorée. Servez.

POISSONS & FRUITS DE MER

Beaucoup de gens hésitent à cuisiner les produits de la mer car ils pensent, à tort, que leur préparation est compliquée. À travers ces quelques recettes, vous verrez qu'il n'y a pas plus simple que de concocter de délicieux poissons, crustacés et autres plats à base de fruits de mer. Le secret consiste à ne jamais les laisser cuire trop longtemps.

POISSONS ENTIERS AU FOUR

Préparation : 10 minutes
Cuisson : 22 minutes

pour 4 personnes

500 g de pommes de terre non épluchées et coupées en rondelles de 5 mm d'épaisseur
2 bars, daurades, cabillauds (ou tout autre poisson blanc) de 350 à 400 g chacun, écaillés, nettoyés et vidés
1 citron coupé en quartiers
6 branches d'aneth
1 grosse gousse d'ail finement hachée
huile d'olive, pour arroser
sel et poivre noir du moulin

recette

Préchauffez le four à 220 °C. Faites cuire les pommes de terre pendant 7 minutes dans de l'eau bouillante salée. Égouttez-les et disposez-les au fond d'un grand plat. Arrosez d'huile, mélangez, salez et poivrez. Farcissez les poissons avec l'aneth, le citron et l'ail. Salez-les et poivrez-les, à l'intérieur et à l'extérieur. Disposez-les sur le lit de pommes de terre et enfournez pour 15 minutes, jusqu'à ce que la chair des poissons soit bien blanche et que les pommes de terre finissent de cuire. Servez.

TRUITES ENTIÈRES À LA VAPEUR

Préparation : 10 minutes
Cuisson : 12 minutes

pour 4 personnes

2 truites entières (environ 300 g chacune) vidées, tête non coupée
2 oignons verts coupés en fines lanières de 4 cm dans la longueur
3 cm de gingembre frais épluché et finement haché
1 citron vert coupé en fines rondelles
2 gousses d'ail finement hachées
sel et poivre noir du moulin

recette

Salez et poivrez généreusement les truites, à l'intérieur et à l'extérieur.
Farcissez-les avec l'oignon, l'ail, le gingembre et le citron vert.
Disposez-les dans un panier vapeur. Si vous n'avez pas la place de les poser à plat, coincez-les, ouverture vers le haut, flanc contre flanc.
Ajustez le couvercle, posez le panier au-dessus d'une casserole d'eau bouillante et faites cuire 12 minutes environ à la vapeur. Servez.

MOULES MARINIÈRES

Préparation : 15 minutes
Cuisson : 3 minutes

pour 4 personnes

1,5 kg de moules fraîches, grattées sous l'eau froide, nettoyées et ébarbées
45 g de beurre
150 ml de vin blanc sec
2 échalotes finement hachées
1 cuillerée à soupe de persil ciselé + un peu pour garnir
sel et poivre noir du moulin

recette

Jetez les moules ouvertes et celles qui ne se ferment pas complètement lorsque vous frappez sur leur coquille. Faites chauffer tous les ingrédients dans une grande casserole sur feu vif. Salez, poivrez. Couvrez et laissez cuire 3 minutes en agitant la casserole de temps en temps, jusqu'à ce que les moules soient toutes ouvertes. Ne les faites pas trop cuire. Servez les moules dans des assiettes creuses à l'aide d'une écumoire. Filtrez le jus de cuisson et arrosez les moules. Parsemez de persil.

GALETTES DE POISSON

Préparation : 15 minutes + Repos et réfrigération : 40 minutes
Cuisson : 30 minutes

pour 6 galettes

600 g de pommes de terre épluchées et coupées en morceaux
300 g de filets de saumon sans la peau, finement hachés
120 g de chapelure fraîche étalée dans une assiette
1 ½ cuillerée à soupe d'aneth finement ciselé
1 œuf légèrement battu
1 ou 2 cuillerées à soupe d'huile d'olive
sel et poivre noir du moulin

recette

Salez légèrement les pommes de terre et laissez-les reposer 30 minutes. Retirez l'excédent de sel et frottez les morceaux avec du papier absorbant. Faites cuire les pommes de terre dans de l'eau bouillante salée, puis écrasez-les en purée. Incorporez le saumon, l'aneth, 3 cuillerées à soupe de chapelure et l'œuf battu. Quand la préparation est homogène, salez et poivrez. Façonnez des galettes de 2 cm d'épaisseur et enrobez-les de chapelure. Laissez-les durcir 10 minutes au réfrigérateur. Faites chauffer l'huile dans une poêle et faites dorer les galettes 4 minutes sur chaque face, à feu moyen. Servez.

SAUMON AU FOUR

Préparation : 5 minutes
Cuisson : 12 à 15 minutes

pour 4 personnes

4 filets de saumon avec la peau (environ 150 g chacun)
200 g de tomates cerises en grappes
200 g d'asperges fines
1 cuillerée à soupe d'huile d'olive + un peu pour badigeonner
2 cuillerées à soupe d'aneth ciselé
1 citron coupé en deux
sel et poivre noir du moulin

recette

Préchauffez le four à 200 °C. Badigeonnez le saumon d'huile à l'aide d'un pinceau et posez-le dans un plat, côté peau dessous. Ajoutez les tomates et les asperges, arrosez d'huile et parsemez d'aneth. Pressez la moitié du citron sur le poisson. Coupez l'autre moitié en fines rondelles et disposez-les sur les tranches de saumon. Salez, poivrez, couvrez le plat d'une feuille d'aluminium, en scellant bien. Enfournez pour 12 à 15 minutes.

SAUMON GRAVLAX

Préparation : 10 minutes + Macération : 2 à 3 jours

pour 12 personnes

1 filet de saumon de 1,2 kg environ, avec la peau, coupé en deux tronçons
1 beau bouquet d'aneth grossièrement ciselé
60 g de sucre en poudre
90 g de gros sel
2 cuillerées à café de graines de carvi grillées et moulues
poivre

recette

Mélangez le sucre, le gros sel et les graines de carvi. Poivrez. Disposez un tiers de l'aneth au fond d'un plat. Posez un morceau de saumon côté peau sur le lit d'aneth et recouvrez-le avec la préparation au gros sel, puis avec un tiers de l'aneth. Placez l'autre moitié du saumon par-dessus, peau vers l'extérieur, et ajoutez l'aneth restant. Couvrez de film alimentaire puis de boîtes de conserve. Laissez macérer 2 à 3 jours au réfrigérateur. Retournez le poisson toutes les 12 heures et jetez le liquide. Débarrassez le poisson du sel et de l'aneth, coupez-le en fines tranches et servez.

ENCORNETS SEL & POIVRE

Préparation : 10 minutes
Cuisson : 10 minutes

pour 4 personnes

400 g d'encornets nettoyés, tentacules détachés, corps coupés en anneaux de 1 cm de large
80 g de farine de maïs
2 cuillerées à café de fleur de sel
1 cuillerée à café de poivre noir du moulin
huile végétale, pour la friture

recette

Séchez les encornets avec du papier absorbant. Dans une assiette, mélangez la farine de maïs avec la fleur de sel et le poivre noir. Versez 3 cm d'huile dans une sauteuse et faites chauffer sur feu vif. Pendant ce temps, enrobez les encornets de farine assaisonnée, en les secouant pour faire tomber l'excédent. Lorsque l'huile est bien chaude, faites frire les morceaux d'encornets pendant 30 secondes de chaque côté, en plusieurs fois. Égouttez-les sur du papier absorbant et servez.

CREVETTES À L'AIL

Préparation : 5 minutes
Cuisson : 5 minutes

pour 2 à 4 personnes, en entrée

750 g de crevettes crues, décortiquées en laissant la queue et déveinées
6 gousses d'ail finement hachées
180 ml d'huile d'olive
1 belle poignée de persil plat ciselé
2 cuillerées à café de piment rouge finement haché
sel

recette

Faites chauffer l'huile dans une sauteuse, sur feu moyen à doux. Ajoutez l'ail, le persil et le piment, puis mélangez 1 ou 2 minutes jusqu'à ce qu'ils embaument, mais sans les laisser colorer. Augmentez le feu, jetez les crevettes dans la sauteuse et faites-les cuire 3 minutes environ, pour qu'elles rosissent. Salez et servez.

MAKIS

Préparation : 30 minutes
Cuisson : 20 minutes

pour 18 à 24 pièces

200 g de riz à sushi
40 ml de mirin
2 feuilles de nori grillées et coupées en deux

POUR LA GARNITURE
200 g de filet de saumon sans la peau, coupé en fines lamelles + wasabi
120 g de thon extra frais coupé en fines lamelles + graines de sésame
2 avocats coupés en fines lamelles + ½ concombre coupé en fins bâtonnets

recette

Faites cuire le riz à sushi en suivant les indications figurant sur l'emballage. Mélangez-le avec le mirin et étalez-le sur une assiette pour qu'il refroidisse. Posez une demi-feuille d'algue sur une natte à maki en bambou. Humidifiez vos mains et étalez un quart du riz sur la feuille, en laissant un bord libre de 1 cm en haut et en bas. Disposez une fine bande d'une des garnitures au centre. Soulevez le bord de la natte qui se trouve vers vous et roulez l'algue autour de la garniture. Pressez délicatement pour sceller le rouleau. Coupez en 6 tronçons de taille identique et répétez l'opération avec le reste des ingrédients.

VIANDE & VOLAILLE

La viande et la volaille sont des produits parfois assez coûteux, qu'il est donc préférable de bien savoir cuisiner. Vous trouverez dans ce chapitre des spécialités rapides à préparer pour un dîner en semaine, mais aussi des recettes de plats plus consistants, mijotés longuement, à concocter pour des repas entre amis.

STEAK AUX CHAMPIGNONS & SAUCE AU VIN

Préparation : 10 minutes + Repos : 10 minutes
Cuisson : 10 à 15 minutes

pour 4 personnes

4 steaks (faux-filet, rumsteck ou aloyau) de 2,5 cm d'épaisseur
300 g de champignons de Paris émincés
200 ml de marsala sec ou de vin rouge
4 cuillerées à soupe de beurre fondu
2 cuillerées à café de thym ciselé
huile d'olive, pour badigeonner
sel et poivre noir du moulin

recette

Badigeonnez les steaks d'huile à l'aide d'un pinceau, salez et poivrez. Réservez pendant 10 minutes. Faites cuire 3 minutes (saignant), 4 minutes (saignant/à point) ou 6 minutes (bien cuit) dans une poêle sur feu vif, en les retournant toutes les minutes. Transférez-les sur des assiettes chaudes et couvrez-les d'une feuille d'aluminium. Faites sauter les champignons avec le thym dans la moitié du beurre pendant 2 ou 3 minutes, jusqu'à ce qu'ils soient tendres. Versez le vin, mélangez et laissez réduire de moitié. Incorporez le beurre restant et le jus de cuisson des steaks. Salez et poivrez. Servez les steaks nappés de sauce.

MAGRETS DE CANARD AUX ÉPICES

Préparation : 10 minutes + Macération : 30 minutes
Cuisson : 12 à 15 minutes + Repos : 10 minutes

pour 4 à 6 personnes

4 magrets de canard, peau entaillée en croisillons
2 cuillerées à soupe de cinq-épices chinois
2 cuillerées à soupe de gingembre frais râpé
1 cuillerée à café de poivre de Jamaïque
2 gousses d'ail pilées
sel et poivre noir du moulin

recette

Mélangez les épices, le gingembre et l'ail dans un bol. Salez et poivrez. Massez les magrets avec cette préparation et laissez-les macérer 30 minutes. Posez-les dans une poêle froide, côté peau dessous, et faites-les cuire 7 à 10 minutes à feu vif – écumez la graisse fondue au fur et à mesure –, jusqu'à ce que la peau soit dorée et croustillante. Retournez les magrets et poursuivez la cuisson 5 minutes environ, jusqu'à ce qu'ils soient tendres et moelleux. Réservez-les 10 minutes, détaillez-les en tranches et servez.

BOULETTES DE PORC AU FENOUIL

Préparation : 10 minutes
Cuisson : 40 minutes

pour 6 à 8 personnes (environ 50 boulettes)

500 g de viande de porc hachée
1 oignon finement haché
3 cuillerées à soupe de parmesan râpé
1 cuillerée à café de graines de fenouil
1 cuillerée à café de flocons de piment séché
1 ½ cuillerée à soupe d'huile d'olive + un peu pour la cuisson des boulettes
sel et poivre noir du moulin

recette

Faites chauffer l'huile dans une poêle. Ajoutez l'oignon et faites-le revenir 10 minutes sur feu doux. Incorporez les graines de fenouil et les flocons de piment, puis poursuivez la cuisson pendant 2 minutes. Placez l'oignon dans un saladier avec la viande, le parmesan, du sel et du poivre. Mélangez bien. Formez des boulettes. Essuyez la poêle et versez un peu d'huile. Faites cuire les boulettes en les faisant rouler jusqu'à ce qu'elles soient bien cuites et dorées – procédez en plusieurs fois. Servez.

GIGOT D'AGNEAU DE PRESQUE 7 HEURES

Préparation : 10 minutes
Cuisson : 5h30 à 6h30

pour 6 à 8 personnes

1 gigot d'agneau de 2 kg
600 ml de vin blanc sec
6 gousses d'ail
4 filets d'anchois à l'huile
2 grandes branches de romarin effeuillées
1 filet d'huile d'olive

recette

Préchauffez le four à 220 °C. Mixez ou pilez l'ail, les anchois, le romarin et l'huile d'olive au robot ou dans un mortier, jusqu'à l'obtention d'une pâte. Incisez le gigot, massez-le avec la préparation à l'ail et posez-le sur une plaque. Versez le vin dans le fond de la plaque sans arroser la viande et faites rôtir pendant 30 minutes. Mouillez la viande avec le jus de cuisson. Baissez le four à 120 °C et couvrez le gigot de deux couches d'aluminium, en les scellant hermétiquement. Poursuivez la cuisson pendant 5 à 6 heures – la viande doit être fondante.

CURRY DE BŒUF

Préparation : 10 minutes
Cuisson : 2 h 15

pour 4 à 6 personnes

800 g de bœuf à braiser détaillé en cubes de 3 cm de côté
800 g de tomates concassées en conserve
1 gros oignon haché
2 ou 3 cuillerées à soupe de pâte de curry
2 cuillerées à soupe d'huile de tournesol
1 poignée de coriandre ciselée
sel et poivre noir du moulin

recette

Faites chauffer l'huile dans une sauteuse. Faites revenir l'oignon sur feu moyen, avec une pincée de sel. Ajoutez la pâte de curry et laissez chauffer pendant 2 minutes, en remuant. Ajoutez la viande et poursuivez la cuisson à feu vif, en remuant, jusqu'à ce qu'elle colore légèrement. Versez les tomates et 400 ml d'eau, salez et poivrez. Laissez mijoter 2 heures à feu doux, en couvrant partiellement la casserole. Si nécessaire, détendez la sauce avec un peu d'eau. Parsemez de coriandre et servez.

CHILI

Préparation : 10 minutes
Cuisson : 50 minutes

pour 4 à 6 personnes

400 g de viande de bœuf hachée
400 g de haricots rouges en conserve égouttés
400 g de tomates concassées en conserve
1 oignon haché
1 gousse d'ail pilée
2 cuillerées à café bombées de mélange d'épices à chili
ou 1 cuillerée à café bombée de piment en poudre
(ou davantage, selon votre goût)
1 cuillerée à soupe d'huile d'olive
sel et poivre noir du moulin

recette

Faites chauffer l'huile dans une sauteuse. Faites revenir l'oignon sur feu doux, avec une pincée de sel, pendant 8 minutes. Ajoutez l'ail et poursuivez la cuisson 2 minutes. Incorporez le bœuf et faites-le colorer sur feu moyen à vif, en remuant. Versez les tomates, les haricots et les épices, puis salez et poivrez. Laissez mijoter 30 minutes à feu doux, en mélangeant de temps en temps. Si nécessaire, ajoutez un peu d'eau pour détendre la sauce. Servez.

CHEESEBURGERS CLASSIQUES

Préparation : 10 minutes
Cuisson : 20 minutes + Refroidissement : 15 minutes

pour 4 personnes

500 g de viande de bœuf hachée
à 20 % de matière grasse minimum
100 g de cheddar ou de comté coupé en tranches
1 oignon finement haché
1 cuillerée à soupe d'huile d'olive + un peu pour badigeonner
1 cuillerée à soupe de persil ou de thym ciselés
4 pains à hamburgers
2 feuilles de laitue
1 tomate coupée en rondelles
sel et poivre noir du moulin

recette

Faites revenir l'oignon pendant 10 minutes sur feu doux, dans l'huile chaude, avec une pincée de sel. Laissez-le refroidir. Incorporez l'oignon et les herbes à la viande, puis façonnez 4 boules. Aplatissez-les en steaks de 2 cm d'épaisseur, badigeonnez-les d'huile, salez et poivrez des deux côtés. Faites cuire les steaks 4 minutes dans une poêle-gril chaude, sans les toucher. Retournez-les et poursuivez la cuisson 2 minutes. Posez les tranches de fromage sur les steaks, couvrez la poêle avec un couvercle ou une feuille de papier cuisson et poursuivez la cuisson 2 minutes à feu doux, jusqu'à ce que le fromage soit fondu. Déposez les steaks dans les pains, garnissez de tomate et de laitue.

TAJINE D'AGNEAU

Préparation : 5 minutes
Cuisson : 1 h 30 à 2 h

pour 4 personnes

1 kg de collier ou d'épaule d'agneau détaillée en cubes de 2 à 3 cm de côté
80 g d'abricots secs grossièrement hachés
120 ml d'huile d'olive
2 cuillerées à café de cumin en poudre
1 cuillerée à café de noix de muscade râpée
1 cuillerée à café de piment de Cayenne

recette

Mélangez tous les ingrédients dans une cocotte à fond épais. Couvrez et faites cuire 1h30 à 2 heures à feu doux, jusqu'à ce que l'agneau soit très tendre et qu'il libère son jus. Mélangez de temps en temps pour que la viande n'attache pas au fond de la cocotte. Parsemez éventuellement de persil et servez.

POITRINE DE PORC RÔTIE LENTEMENT

Préparation : 10 minutes
Cuisson : 3h45 + Repos : 20 minutes

pour 6 à 8 personnes

1,5 à 2 kg de poitrine de porc désossée, peau entaillée
2 oignons coupés en lamelles épaisses
4 carottes coupées en deux dans la longueur
2 cuillerées à soupe de graines de fenouil
2 cuillerées à soupe de fleur de sel
2 cuillerées à soupe de poivre noir en grains
1 cuillerée à soupe d'huile d'olive

recette

Préchauffez le four à 220 °C. Pilez la fleur de sel, les graines de fenouil et les grains de poivre noir dans un mortier, puis arrosez le tout d'huile d'olive. Massez la peau de la viande avec cette préparation. Disposez les légumes sur une plaque de cuisson, posez le porc dessus et enfournez pour 30 minutes. Baissez la température à 140 °C et poursuivez la cuisson 3 heures. Augmentez la température à 220 °C pendant 15 minutes environ, pour que la couenne soit croustillante. Laissez reposer 20 minutes avant de servir.

POULET RÔTI

Préparation : 10 minutes
Cuisson : 1 h 15 + Repos : 15 minutes

pour 4 à 6 personnes

1 poulet d'environ 1,5 kg
1 bouquet d'estragon, dont 1 cuillerée à soupe de feuilles ciselées
60 g de beurre doux
le jus et le zeste râpé de 1 citron (en conservant les demi-citrons)
2 gousses d'ail pilées
sel et poivre noir du moulin

recette

Préchauffez le four à 220 °C. Mélangez le beurre, le zeste de citron, l'ail et l'estragon ciselé. Salez, poivrez. Décollez la peau du poulet et insérez un peu de ce beurre entre la peau et les blancs. Massez le poulet avec le beurre restant. Farcissez-le avec les demi-citrons et le bouquet d'estragon. Arrosez le poulet de jus de citron et faites-le rôtir pendant 15 minutes. Baissez la température du four à 190 °C et poursuivez la cuisson 1 heure environ, jusqu'à ce que le jus soit bien clair. Laissez reposer 15 minutes avant de servir.

PILONS DE POULET AUX ÉPICES

Préparation : 10 minutes + Marinade : 30 minutes
Cuisson : 45 à 55 minutes

pour 4 personnes

8 pilons de poulet
1 cuillerée à soupe de ketchup
4 cuillerées à soupe de sauce soja
1 cuillerée à soupe d'huile végétale
3 cuillerées à soupe de miel liquide
2 cuillerées à café de cinq-épices chinois

recette

Préchauffez le four à 200 °C. Mélangez tous les ingrédients, excepté la viande, pour préparer une marinade. Posez les pilons en une seule couche dans un plat de cuisson non métallique et arrosez-les avec la préparation. Massez les pilons et laissez-les mariner 30 minutes. Enfournez pour 45 à 55 minutes, en les badigeonnant de marinade et en les retournant de temps en temps, jusqu'à ce qu'ils soient dorés et cuits. Servez-les arrosés des jus de cuisson.

CURRY VERT THAÏ

Préparation : 5 minutes
Cuisson : 15 minutes

pour 4 personnes

650 g de blancs ou de cuisses de poulet désossées, sans la peau, détaillées en morceaux
400 ml de lait de coco
4 cuillerées à soupe de pâte de curry vert thaï
le jus de ½ citron vert
1 cuillerée à soupe d'huile végétale
1 petite poignée de coriandre ciselée
sel et poivre noir du moulin

recette

Faites chauffer l'huile dans une casserole, ajoutez la pâte de curry et faites-la revenir 2 minutes sur feu moyen. Versez le lait de coco, mélangez et laissez cuire 3 minutes. Ajoutez le poulet et poursuivez la cuisson 8 minutes, à couvert, sur feu doux à moyen. Ajoutez la coriandre, salez, poivrez et versez le jus de citron vert.

FILET DE PORC & COURGE RÔTIS

Préparation : 10 minutes
Cuisson : 45 à 50 minutes

pour 4 personnes

500 à 600 g de filet de porc
500 g de courge butternut épluchée, épépinée et coupée en cubes de 2 cm de côté
300 g de bouillon de légumes (ou de volaille)
100 g de chou noir de Toscane (ou de chou vert) finement émincé, sans les tiges fibreuses
1 cuillerée à soupe d'herbes de Provence
2 cuillerées à soupe d'huile d'olive + un peu pour masser la viande
sel et poivre noir du moulin

recette

Préchauffez le four à 200 °C. Massez le porc avec les herbes, un peu d'huile, 1 cuillerée à café de sel et beaucoup de poivre. Faites chauffer 1 cuillerée à soupe d'huile dans une poêle. Faites dorer la viande sur toutes ses faces. Posez-la sur une plaque de cuisson et réservez. Mettez la courge dans la poêle, mélangez-la avec l'huile restante, salez et poivrez, puis faites-la cuire 25 minutes. Versez le bouillon au fond de la plaque, ajoutez le chou cru et la courge cuite, puis mélangez. Enfournez pour 15 à 20 minutes. Coupez le porc en tranches et servez-le avec les légumes arrosés de jus de cuisson.

RÔTI DE BŒUF AUX POMMES DE TERRE

Préparation : 5 minutes
Cuisson : 1 h 05

pour 4 personnes

1,5 kg de rôti de bœuf désossé (tende de tranche ou faux-filet)
1 kg de pommes de terre nouvelles, avec la peau
1 cuillerée à soupe de moutarde en poudre (ou de graines de moutarde finement moulues)
3 cuillerées à soupe de graisse de bœuf (ou de saindoux)
sel et poivre noir du moulin

recette

Préchauffez le four à 230 °C. Tamponnez le bœuf avec du papier absorbant pour le sécher. Massez-le avec la moutarde en poudre, salez et poivrez. Posez-le sur une plaque de cuisson, enduisez-le de graisse et enfournez pour 15 minutes. Baissez le feu à 180 °C, disposez les pommes de terre sur la plaque et remuez-les pour les enrober de graisse. Poursuivez la cuisson 50 minutes, en arrosant la viande et les pommes de terre avec le jus de cuisson. Laissez reposer 20 minutes sous une feuille d'aluminium avant de servir, afin que les sucs de cuisson se diffusent dans la viande uniformément.

TERRINE DE PORC & FOIES DE VOLAILLE

Préparation : 15 minutes
Cuisson : 45 minutes + Réfrigération : 8 heures

pour 10 à 12 personnes

500 g de chair à saucisse
400 g de foies de volaille dénervés et dégraissés
1 œuf
1 ½ cuillerée à café de poivre de Jamaïque

recette

Préchauffez le four à 150 °C. Détaillez la moitié des foies en petits dés. Mixez l'autre moitié au robot pendant 7 ou 8 secondes. Mélangez les foies en dés et mixés dans un récipient. Incorporez la chair à saucisse, l'œuf et le poivre de Jamaïque. Pressez la préparation dans une terrine. Posez cette dernière dans un plat creux et versez de l'eau chaude jusqu'à mi-hauteur. Enfournez pour 45 minutes de cuisson. Sortez la terrine du four et laissez-la refroidir. Placez-la une nuit au réfrigérateur. Servez avec du pain grillé.

ŒUFS

Les cuisiniers professionnels sont souvent jugés sur leur manière d'accommoder les œufs : leur préparation requiert un peu de pratique afin d'éviter qu'ils soient trop (ou pas assez) cuits. Une fois que vous aurez réalisé ces plats indémodables, vous devriez maîtriser toutes les techniques de base.

ŒUFS BROUILLÉS

Préparation : 1 minute
Cuisson : 4 à 6 minutes

pour 1 personne

2 œufs légèrement battus
2 noisettes de beurre
sel et poivre noir du moulin

Mettez 1 noisette de beurre et les œufs dans une poêle froide. Salez et poivrez. Faites chauffer sur feu doux à moyen en remuant pour que les œufs coagulent, sans les faire trop cuire. Incorporez une autre noisette de beurre hors du feu. Servez.

ŒUFS POCHÉS

Préparation : 1 minute
Cuisson : 2 ou 3 minutes

pour 1 personne

1 ou 2 œufs

Cassez chaque œuf dans un bol. Versez 5 cm d'eau dans une casserole, portez à ébullition et créez un tourbillon à l'aide d'une cuillère. Versez un œuf à la fois au centre du tourbillon, augmentez le feu et continuez à faire tourbillonner l'eau. Laissez cuire à petits bouillons pendant 2 ou 3 minutes, jusqu'à ce que le blanc soit ferme et que le jaune reste coulant. Égouttez.

ŒUFS DURS

Cuisson : 4 à 10 minutes

pour 2 personnes

4 œufs

Mettez les œufs dans une petite casserole. Couvrez-les d'eau froide. Placez sur feu vif et portez à ébullition. Hors du feu, couvrez et réservez au chaud 4 minutes pour des jaunes coulants, 6 minutes pour des jaunes fermes et 10 minutes pour des œufs durs. Égouttez les œufs et passez-les sous l'eau froide avant de les écaler.

ŒUFS COCOTTE

Préparation : 5 minutes
Cuisson : 16 minutes

pour 1 personne

1 cuillerée à soupe de crème fraîche épaisse
+ un peu pour garnir
2 œufs
1 noisette de beurre pour graisser le ramequin
1 cuillerée à café d'herbes ciselées
sel et poivre noir du moulin

Préchauffez le four à 160 °C. Beurrez un ramequin et versez 1 cuillerée à soupe de crème au fond. Cassez les œufs dans le ramequin, couvrez d'un peu de crème et d'herbes. Salez, poivrez. Disposez les ramequins sur une plaque et enfournez pour 16 minutes environ, jusqu'à ce que les blancs soient fermes.

OMELETTE

Préparation : 2 minutes
Cuisson : 3 minutes

pour 1 personne

3 œufs légèrement battus avec un filet d'eau
1 cuillerée à soupe de beurre
sel et poivre noir du moulin

recette

Salez et poivrez les œufs. Faites chauffer le beurre dans une poêle de 20 cm de diamètre, jusqu'à ce qu'il mousse. Faites glisser les œufs dans la poêle. Au fur et à mesure de la cuisson, ramenez les œufs vers le centre de la poêle avec une spatule, pour que l'omelette cuise uniformément. Agitez la poêle afin d'éviter que l'omelette n'attache. Retirez du feu dès que les œufs sont cuits au centre et baveux ou moelleux sur le dessus. Repliez les bords de l'omelette sur le tiers central, puis l'autre bord par-dessus. Faites glisser sur une assiette. Servez.

FRITTATA

Préparation : 20 minutes
Cuisson : 10 minutes

pour 4 personnes

6 œufs légèrement battus
70 g de petits pois surgelés, décongelés
60 g de jambon haché
60 ml de crème fraîche liquide
3 cuillerées à soupe bombées de parmesan râpé
2 cuillerées à soupe d'huile d'olive
sel et poivre noir du moulin

recette

Préchauffez le gril du four. Fouettez les œufs avec la crème fraîche, puis incorporez les petits pois, le jambon et le parmesan. Salez, poivrez. Faites chauffer l'huile dans une poêle de 20 cm de diamètre, sur feu moyen, en la faisant tourner pour bien l'enduire. Versez-y la préparation. Laissez cuire 8 minutes, pour que la base et le centre soient cuits et que le dessus reste baveux et moelleux. Placez 2 minutes sous le gril, jusqu'à ce que la frittata soit gonflée et dorée. Servez-la chaude ou à température ambiante.

PIPERADE

Préparation : 10 minutes
Cuisson : 30 minutes

pour 4 personnes

4 œufs
1 gros oignon haché
800 g de tomates concassées en conserve
2 poivrons rouges épépinés et hachés
2 cuillerées à soupe d'huile d'olive
1 cuillerée à café de piment d'Espelette (ou de paprika fumé fort)
sel et poivre noir du moulin

recette

Faites chauffer l'huile dans une sauteuse. Ajoutez l'oignon et les poivrons. Faites revenir 15 minutes à feu doux, puis ajoutez les tomates concassées et le piment. Laissez mijoter 10 minutes, jusqu'à ce que la préparation épaississe un peu. Salez et poivrez. Formez 4 puits dans la sauce et cassez un œuf dans chacun d'eux. Couvrez et poursuivez la cuisson 5 minutes sur feu doux à moyen, pour que les blancs soient fermes et les jaunes coulants.

ŒUFS À LA DIABLE

Préparation : 5 minutes
Cuisson : 10 minutes

pour 12 pièces

6 œufs durs (voir p. 95)
90 g de mayonnaise (voir p. 13) + un peu, au besoin
½ cuillerée à café de Tabasco® (ou plus, selon votre goût)
¾ de cuillerée à café de moutarde de Dijon
1 pincée de poivre blanc
paprika fumé, à saupoudrer
sel

recette

Écalez les œufs et coupez-les en deux dans la longueur. Prélevez les jaunes à l'aide d'une cuillère, en appuyant délicatement sur les blancs pour les détacher. Mettez-les dans un bol. Disposez les blancs sur une assiette, face coupée vers le haut. À l'aide d'une fourchette, mélangez les jaunes avec la mayonnaise, le Tabasco®, la moutarde, le poivre blanc et du sel, jusqu'à l'obtention d'une préparation onctueuse – si nécessaire, ajoutez un peu de mayonnaise. Remplissez chaque blanc d'un peu de garniture et saupoudrez de paprika avant de servir.

LÉGUMES

Rôtis, sautés ou frits, les légumes se prêtent à tous les types de cuisson. Dans ces recettes, vous trouverez les techniques indispensables pour cuisiner des légumes verts simplement ou réaliser des plats plus élaborés, comme le gratin dauphinois.

FRITES

Préparation : 10 minutes
Cuisson : 35 à 40 minutes

pour 4 personnes

800 g de pommes de terre à chair farineuse (bintje, marabel)
huile de friture (tournesol, huile de pépins de raisin ou graisse de bœuf)

recette

Coupez les pommes de terre en bâtonnets de 1 cm de large. Rincez-les dans de l'eau froide. Égouttez-les et séchez-les en les tamponnant avec du papier absorbant. Remplissez une friteuse d'huile ou de graisse jusqu'à mi-hauteur et portez-la à 90-100 °C. À l'aide d'une écumoire ou d'un panier à friture, plongez la moitié des frites dans l'huile pendant 15 minutes, sans les laisser colorer. Égouttez-les sur du papier absorbant. Répétez l'opération avec les frites restantes. Faites dorer les frites précuites dans un deuxième bain d'huile à 90 °C avant de les servir accompagnées de ketchup.

CHIPS DE PATATE DOUCE

Préparation : 10 minutes
Cuisson : 15 minutes

pour 4 personnes

250 g de patates douces coupées en rondelles très fines, idéalement à la mandoline
½ cuillerée à soupe d'huile d'olive
sel et poivre noir du moulin

recette

Préchauffez le four à 180 °C. Chemisez une grande plaque avec du papier cuisson. Séchez les patates douces en les tamponnant avec du papier absorbant et placez-les dans un saladier. Enrobez-les d'huile, salez et poivrez. Étalez-les sur la plaque sans qu'elles se chevauchent. Enfournez-les pour environ 15 minutes, jusqu'à ce qu'elles soient dorées sur les bords. Remuez-les au bout de 10 minutes et surveillez bien la cuisson. Transférez les chips sur une grille pour les laisser refroidir et durcir.

GRATIN DAUPHINOIS

Préparation : 10 minutes
Cuisson : 43 minutes

pour 4 personnes

600 g de pommes de terre épluchées,
coupées en fines rondelles, idéalement à la mandoline
400 ml de lait entier (ou plus)
400 ml de crème fraîche épaisse entière
2 gousses d'ail très finement hachées
2 feuilles de laurier
1 filet d'huile végétale, pour le plat
sel et poivre noir du moulin

recette

Préchauffez le four à 200 °C. Huilez légèrement un plat à gratin. Versez le lait dans une grande casserole, ajoutez la crème fraîche, l'ail et le laurier, puis salez et poivrez. Faites chauffer 5 minutes à feu doux puis ôtez la casserole du feu. Mettez les pommes de terre dans la casserole et ajoutez un peu de lait chaud, si nécessaire, pour qu'elles soient totalement recouvertes. Laissez-les cuire 8 minutes à feu doux, elles doivent être tendres. Retirez-les avec une écumoire et transférez-les dans le plat à gratin. Versez juste assez de lait chaud pour les recouvrir. Enfournez le gratin pour 30 minutes environ, jusqu'à ce qu'il soit bien chaud.

TARTE AUX LÉGUMES

Préparation : 15 minutes
Cuisson : 50 minutes

pour 4 à 6 personnes

1 kg d'oignons blancs émincés
1 rouleau de pâte feuilletée de 35 x 25 cm
2 grosses tomates en fines rondelles
2 courgettes coupées en rubans à l'aide d'un couteau Économe et épépinées
1 cuillerée à café de thym séché
3 cuillerées à soupe d'huile d'olive vierge extra + un filet
sel et poivre noir du moulin

recette

Préchauffez le four à 200 °C. Tapissez une plaque avec du papier cuisson.
Faites chauffer les 3 cuillerées à soupe d'huile dans une grande poêle, ajoutez les oignons et une pincée de sel. Faites revenir pendant 25 minutes à feu moyen, en remuant : les oignons doivent être tendres et dorés. Étalez la pâte feuilletée sur la plaque. Formez une bordure de 1 cm sur tout le pourtour et piquez le fond avec une fourchette. Disposez l'oignon sur la pâte, puis ajoutez les tomates et les courgettes. Parsemez de thym, arrosez d'un filet d'huile, salez et poivrez. Enfournez pour 20 minutes, jusqu'à ce que les légumes et la pâte soient bien dorés. Servez.

BROCOLI SAUTÉ

Préparation : 10 minutes
Cuisson : 10 minutes

pour 4 personnes, en accompagnement

300 g de brocolis détaillés en fleurettes
120 ml de bouillon de volaille (ou de légumes)
3 gousses d'ail finement émincées
2 cuillerées à soupe de sauce soja
2 cuillerées à soupe d'huile végétale + un peu pour le dressage
½ cuillerée à café d'huile de sésame (ou plus, selon votre goût)

recette

Faites chauffer l'huile végétale dans une sauteuse ou un wok, jusqu'à ce qu'elle soit très chaude. Ajoutez le brocoli et faites-le sauter pendant 2 minutes, en remuant. Ajoutez l'ail et poursuivez la cuisson 30 secondes, en versant un peu d'huile végétale si nécessaire. Baissez le feu, mouillez avec le bouillon et la sauce soja. Couvrez. Laissez cuire 5 minutes, jusqu'à ce que le brocoli soit juste tendre. Ôtez le couvercle et faites cuire encore pendant 1 minute à feu vif. Arrosez d'huile de sésame, mélangez et servez.

POÊLÉE DE CHOU AU CITRON & AU PIMENT

Préparation : 5 minutes + Refroidissement : 5 minutes
Cuisson : 10 minutes

pour 4 personnes, en accompagnement

400 g de chou kale finement émincé, sans les côtes fibreuses
le jus de ½ citron (ou plus, selon votre goût)
1 cuillerée à soupe bombée de beurre
1 cuillerée à soupe d'huile d'olive
½ cuillerée à café de flocons de piment séché

recette

Faites cuire le chou à l'eau bouillante salée pendant 1 minute. Égouttez-le bien. Quand il a suffisamment refroidi pour être manipulé, pressez-le pour l'essorer au maximum. Faites chauffer le beurre et l'huile dans une poêle, ajoutez le chou et mélangez pour bien l'enrober, sur feu vif. Arrosez avec le jus de citron et poursuivez la cuisson jusqu'à ce que tous les ingrédients soient chauds. Parsemez de flocons de piment, goûtez et rectifiez l'assaisonnement.

LÉGUMES RÔTIS À LA FETA & AU CITRON

Préparation : 10 minutes
Cuisson : 55 minutes

pour 4 à 6 personnes

1,5 kg de légumes racines mélangés (carottes, pommes de terre, patates douces, panais, navets et oignons) épluchés et coupés en cubes de 3,5 cm de côté
1 citron coupé en 8 morceaux
2 cuillerées à soupe de romarin ciselé
150 g de feta grossièrement émiettée
2 poignées de pousses d'épinards
2 cuillerées à soupe de beurre fondu
2 cuillerées à soupe d'huile d'olive
sel et poivre noir du moulin

recette

Préchauffez le four à 220 °C. Versez l'huile et le beurre fondu sur une plaque de cuisson, ajoutez les légumes, le citron et le romarin, puis mélangez. Salez et poivrez généreusement. Faites rôtir les légumes 45 minutes, jusqu'à ce qu'ils soient tendres, en secouant régulièrement la plaque. Parsemez de feta, puis poursuivez la cuisson 10 minutes. Transférez dans un plat de service et ajoutez les pousses d'épinards. Mélangez et servez en arrosant avec le jus de cuisson.

CHOU-FLEUR RÔTI AUX ÉCHALOTES

Préparation : 5 minutes
Cuisson : 30 minutes

pour 4 personnes, en accompagnement

1 chou-fleur détaillé en fleurettes
20 g de raisins secs blonds
4 échalotes coupées en quartiers
6 belles gousses d'ail avec la peau
75 ml d'huile d'olive
1 cuillerée à soupe de jus de citron
sel et poivre noir du moulin

recette

Préchauffez le four à 200 °C. Mélangez le chou-fleur, les échalotes et l'ail avec 3 cuillerées à soupe d'huile, sur une plaque de cuisson. Salez et poivrez. Faites rôtir 30 minutes en secouant régulièrement la plaque, jusqu'à ce que les légumes soient dorés sur les bords. Pressez les gousses d'ail au-dessus d'un bocal à couvercle pour en récupérer la chair, couvrez avec l'huile restante et le jus de citron. Salez, poivrez. Fermez le bocal hermétiquement et secouez-le énergiquement. Ajoutez les raisins sur la plaque, arrosez avec la sauce, mélangez et transférez dans un plat avant de servir.

AUBERGINES & POIVRONS RÔTIS

Préparation : 15 minutes
Cuisson : 40 minutes + Refroidissement : 1 heure

pour 4 personnes, en accompagnement

500 g d'aubergines détaillées en cubes de 3 cm de côté
2 poivrons rouges épépinés et coupés en morceaux de 3 cm de côté
1 bouquet de coriandre grossièrement ciselée, tiges coupées
4 cuillerées à soupe d'huile d'olive à l'ail
1 piment rouge très finement haché
1 cuillerée à soupe de vinaigre de xérès (ou de vin blanc)
sel et poivre noir du moulin

recette

Préchauffez le four à 200 °C. Disposez les aubergines et les poivrons sur deux plaques, en une seule couche. Versez 1 cuillerée à soupe d'huile sur chacune d'elles, salez, poivrez et mélangez. Enfournez pour 40 minutes, jusqu'à ce que les aubergines et les poivrons soient tendres et dorés. Pendant ce temps, fouettez l'huile restante avec le piment et le vinaigre. Arrosez les légumes de sauce pour les enrober. Laissez refroidir, parsemez de coriandre, goûtez et rectifiez l'assaisonnement avant de servir.

CHAMPIGNONS FARCIS AU BLEU

Préparation : 10 minutes
Cuisson : 12 à 15 minutes

pour 4 personnes

4 gros champignons de Paris, pieds coupés
80 g de bleu d'Auvergne (ou de roquefort) émietté
60 g de beurre doux ramolli
2 gousses d'ail pilées
1 cuillerée à soupe d'estragon ciselé
poivre noir du moulin

recette

Préchauffez le four à 200 °C. Posez les chapeaux des champignons sur une plaque. Mélangez le beurre, l'ail, l'estragon et poivrez. Garnissez chaque chapeau d'un peu de cette préparation, puis parsemez de fromage. Enfournez pour 12 à 15 minutes et servez.

RIZ, PÂTES & CÉRÉALES

Ces plats délicieux et nourrissants mettent en œuvre différentes techniques de cuisson du riz, des pâtes et des céréales. Que ce soit des pâtes et des risottos classiques, ou des variantes originales cuites au four ou dans une seule casserole, vous aurez plaisir à les faire et à les refaire souvent.

PAIN SANS PÉTRISSAGE

Préparation : 10 minutes + Pousse : 9 heures
Cuisson : 50 minutes

pour 1 pain

450 g de farine blanche T65
300 ml d'eau tiède
7 g de levure de boulanger
1 cuillerée à café de sel marin fin
huile d'olive, pour le moule et le film

recette

Faites gonfler la levure dans l'eau tiède pendant 5 minutes. Mélangez la farine et le sel, versez l'eau et la levure, puis amalgamez. Couvrez le saladier avec du film alimentaire et laissez la pâte gonfler pendant 8 heures. Posez-la sur une plaque de cuisson farinée et formez une boule. Couvrez-la d'un film alimentaire huilé et laissez-la lever 1 heure de plus. Préchauffez le four à 220 °C, en y plaçant une cocotte huilée. Transférez la pâte dans la cocotte chaude, couvrez et faites cuire 30 minutes. Ôtez le couvercle et poursuivez la cuisson environ 20 minutes, jusqu'à ce que le pain soit doré. Démoulez-le et laissez-le refroidir sur une grille.

RIZ PARFAIT

Préparation : 10 minutes
Cuisson : 15 minutes + Repos : 5 minutes

pour 4 personnes, en accompagnement

225 g de riz long grain rincé plusieurs fois à l'eau froide et égoutté

recette

Versez le riz dans une casserole. Ajoutez 500 ml d'eau froide et portez à ébullition, sans couvrir. Baissez à feu doux, couvrez (avec un couvercle à trous anti-vapeur, ou en plaçant un torchon sous le couvercle) et laissez cuire à petits bouillons pendant 15 minutes, jusqu'à ce que l'eau soit absorbée et que le riz forme de petits cratères. Laissez reposer 5 minutes à couvert, hors du feu. Égrainez à la fourchette et servez.

RIZ FRIT AUX ŒUFS

Préparation : 5 minutes
Cuisson : 10 minutes

pour 4 personnes

600 g de riz long grain cuit (environ 200 g de riz cru, voir cuisson p. 130)
4 oignons verts finement émincés
3 œufs légèrement battus
3 gousses d'ail finement émincées
2 cuillerées à soupe de sauce soja (ou plus, selon votre goût)
2 cuillerées à soupe d'huile végétale
sel et poivre noir du moulin

recette

Faites chauffer l'huile dans un wok ou une poêle, sur feu vif. Ajoutez les oignons verts et l'ail. Faites-les revenir 1 ou 2 minutes, sans les laisser colorer. Incorporez le riz, les œufs et la sauce soja. Mélangez jusqu'à ce que les œufs soient cuits et le riz bien chaud. Goûtez et rajoutez de la sauce soja si nécessaire. Salez et poivrez avant de servir.

RISOTTO CLASSIQUE

Préparation : 10 minutes
Cuisson : 25 minutes + Repos : 5 minutes

pour 4 personnes

400 g de riz à risotto (arborio ou carnaroli)
150 ml de vin blanc sec
1,2 l de bouillon de volaille (ou de légumes) chaud
80 g de parmesan finement râpé
4 échalotes finement hachées
60 g de beurre
1 cuillerée à soupe d'huile d'olive
sel

recette

Préparez votre bouillon. Faites chauffer l'huile et 1 cuillerée à soupe de beurre dans une sauteuse. Ajoutez les échalotes et une pincée de sel, puis faites-les revenir à feu doux. Augmentez le feu, ajoutez le riz et mélangez pour bien l'enrober – il doit être translucide. Mouillez avec le vin et laissez-le s'évaporer, sans cesser de remuer. Baissez le feu et ajoutez une louche de bouillon chaud. Mélangez, jusqu'à ce que tout le liquide soit absorbé. Répétez l'opération jusqu'à ce qu'il ne reste plus de bouillon, ou jusqu'à ce que le riz soit tendre et onctueux. Incorporez le parmesan et le beurre restant. Couvrez et laissez reposer pendant 5 minutes avant de servir.

RISOTTO AUX CHAMPIGNONS

Préparation : 10 minutes + Trempage : 30 minutes
Cuisson : 28 minutes

pour 4 personnes

300 g de riz à risotto (arborio ou carnaroli)
30 g de cèpes séchés
1 oignon finement haché
50 g de parmesan râpé
60 g de beurre
1 cuillerée à soupe d'huile d'olive
sel et poivre noir du moulin

recette

Recouvrez les cèpes avec 950 ml d'eau bouillante et laissez-les se réhydrater pendant 30 minutes. Égouttez-les et réservez l'eau. Hachez finement les champignons. Préchauffez le four à 200 °C. Faites fondre la moitié du beurre dans une sauteuse, avec l'huile. Ajoutez l'oignon et une pincée de sel, puis faites revenir à feu doux. Ajoutez les cèpes et laissez-les cuire 10 minutes à feu doux, en remuant. Versez le riz puis l'eau de trempage des cèpes dans la sauteuse. Couvrez et poursuivez la cuisson 18 minutes. Incorporez le parmesan et le reste de beurre, puis salez et poivrez avant de servir.

ONE-POT PASTA TOMATES & PIMENTS

Préparation : 5 minutes
Cuisson : 10 minutes + Repos : 4 minutes

pour 4 personnes

350 g de spaghettis
400 g de tomates concassées en conserve
1 oignon finement haché
4 gousses d'ail finement émincées
2 petits piments rouges finement émincés
2 cuillerées à soupe d'huile d'olive
½ cuillerée à soupe d'origan séché
2 cuillerées à café bombées de fleur de sel

recette

Mettez tous les ingrédients dans une grande sauteuse, couvrez avec 800 ml d'eau froide posée sur feu vif et portez à ébullition. Laissez cuire à petit bouillon pendant 10 minutes, jusqu'à ce que les pâtes soient cuites et qu'une sauce se forme. Pendant la cuisson, mélangez régulièrement à l'aide d'une pince pour éviter que les ingrédients n'attachent. Laissez reposer 4 minutes hors du feu avant de servir.

ONE-POT PASTA PRIMAVERA

Préparation : 2 minutes
Cuisson : 12 minutes + Repos : 4 minutes

pour 4 personnes

350 g de penne
150 g d'asperges vertes fines coupées en petits tronçons
150 g de petits pois surgelés
60 g de parmesan râpé + un peu pour garnir
2 gousses d'ail finement émincées
2 cuillerées à soupe d'huile d'olive

recette

Mettez les penne, l'ail et l'huile dans une casserole, couvrez avec 1 litre d'eau et portez à ébullition. Laissez bouillir 7 minutes en remuant, sans couvrir. Ajoutez les asperges, les petits pois et les 60 g de parmesan, puis poursuivez la cuisson 5 minutes – les légumes et les pâtes doivent être tendres et enrobés d'une sauce crémeuse. Si nécessaire, ajoutez un peu d'eau. Laissez reposer 4 minutes avant de servir. Parsemez de parmesan.

PÂTES AU CITRON & À LA RICOTTA

Préparation : 5 minutes
Cuisson : 10 minutes

pour 4 personnes

400 g de tagliatelles
250 g de ricotta
le jus et le zeste râpé de 1 citron
2 cuillerées à soupe de parmesan râpé
1 cuillerée à soupe d'huile d'olive
1 poignée de feuilles de basilic ciselées
sel et poivre noir du moulin

143

recette

Faites cuire les tagliatelles en suivant les indications figurant sur l'emballage. Égouttez-les en réservant un peu d'eau de cuisson. Pendant ce temps, mélangez la ricotta, le zeste et le jus de citron, le parmesan, l'huile et du poivre noir jusqu'à l'obtention d'une préparation onctueuse. Détendez la sauce avec un peu d'eau de cuisson – elle doit être crémeuse. Versez-la sur les pâtes, ajoutez le basilic et mélangez. Salez et poivrez avant de servir.

SPAGHETTIS PUTTANESCA

Préparation : 5 minutes
Cuisson : 10 à 12 minutes

pour 4 personnes

400 g de spaghettis
200 ml de passata (ou de purée de tomates en brique)
100 g d'olives noires grossièrement hachées
8 filets d'anchois à l'huile égouttés et finement hachés
3 cuillerées à soupe de câpres égouttées et grossièrement hachées
4 cuillerées à soupe d'huile d'olive
4 gousses d'ail pilées
½ cuillerée à café de flocons de piment séché
sel et poivre noir du moulin

recette

Faites cuire les pâtes 1 minute de moins que les indications figurant sur l'emballage. Égouttez-les en réservant un peu d'eau de cuisson. Pendant ce temps, faites chauffer l'huile, l'ail et les anchois dans une poêle, sur feu moyen à vif, en remuant jusqu'à ce que les anchois soient fondus. Ajoutez les olives, les câpres, puis le piment et poursuivez la cuisson 2 minutes. Incorporez la passata et laissez mijoter 5 minutes. Versez la sauce sur les spaghettis et mélangez – si nécessaire, détendez la sauce avec un peu d'eau de cuisson des pâtes. Salez et poivrez avant de servir.

SPAGHETTIS CARBONARA

Préparation : 10 minutes
Cuisson : 13 à 15 minutes

pour 4 personnes

500 g de spaghettis
100 g de parmesan râpé + un peu pour garnir
3 œufs + 2 jaunes d'œufs
100 g de lard fumé ou de bacon haché
1 pincée de poivre blanc
½ cuillerée à soupe d'huile d'olive

recette

Faites cuire les spaghettis 2 minutes de moins que les indications figurant sur l'emballage. Égouttez-les en réservant un peu d'eau de cuisson. Pendant ce temps, mélangez les œufs et les jaunes d'œufs, le parmesan et le poivre blanc. Faites chauffer l'huile dans une poêle et faites dorer les lardons pendant 2 minutes. Ajoutez les spaghettis, mélangez et coupez le feu. Versez la préparation à base d'œufs et un filet d'eau de cuisson sur les pâtes. Mélangez jusqu'à l'obtention d'une sauce crémeuse. Saupoudrez de parmesan et servez.

PÂTES À L'AIL, HUILE & PIMENT

Préparation : 5 minutes
Cuisson : 10 minutes

pour 4 personnes

400 g de spaghettis
4 gousses d'ail finement émincées
2 piments rouges finement émincés
150 ml d'huile d'olive
sel et poivre noir du moulin

recette

Faites cuire les pâtes en suivant les indications figurant sur l'emballage. Dans une poêle, 4 minutes avant la fin de la cuisson, faites chauffer l'huile, l'ail et les piments sur feu doux, jusqu'à ce que l'ail colore. Retirez du feu. Égouttez les pâtes en réservant un peu d'eau de cuisson. Ajoutez-les dans la poêle et mélangez. Si nécessaire, détendez la sauce avec un peu d'eau de cuisson. Salez et poivrez avant de servir.

FUSILLI AU PESTO

Préparation : 5 minutes
Cuisson : 10 à 12 minutes

pour 4 personnes

300 g de fusilli
100 g de feuilles de basilic
50 g de pignons
50 g de parmesan
150 ml d'huile d'olive vierge extra
2 gousses d'ail
sel

recette

Faites cuire les fusilli en suivant les indications figurant sur l'emballage. Égouttez-les en réservant un peu d'eau de cuisson et remettez-les dans la casserole. Pendant ce temps, pilez l'ail et une belle pincée de sel, au pilon ou au robot, jusqu'à l'obtention d'une pâte. Incorporez progressivement le basilic et les pignons – la consistance de la sauce doit être granuleuse. Transférez-la dans un bol, puis incorporez le parmesan et l'huile, en alternance. Mélangez avec les pâtes en ajoutant un peu d'eau de cuisson pour détendre la sauce.

SPAGHETTIS BOLOGNAISE

Préparation : 10 minutes
Cuisson : 1 heure

pour 4 personnes

500 g de spaghettis
500 g de viande de bœuf hachée
1 gros oignon haché
400 g de tomates concassées en conserve
2 cuillerées à soupe de concentré de tomates
2 cuillerées à café de mélange d'herbes séchées
2 cuillerées à soupe d'huile d'olive
sel

recette

Faites chauffer l'huile dans une casserole. Ajoutez l'oignon et 1 pincée de sel, puis laissez revenir pendant 10 minutes. Ajoutez la viande, mélangez bien pour l'émietter. Laissez-la colorer sur feu moyen à vif. Versez le concentré de tomates et poursuivez la cuisson 2 minutes, puis ajoutez les tomates, les herbes et 250 ml d'eau. Baissez le feu et laissez mijoter 45 minutes, en couvrant partiellement la casserole et en remuant de temps en temps. Faites cuire les pâtes en suivant les indications figurant sur l'emballage. Égouttez-les, remettez-les dans la casserole et mélangez bien avec la sauce.

MAC'N CHEESE

Préparation : 15 minutes
Cuisson : 20 minutes

pour 4 personnes

300 g de macaronis ou coquillettes
1 portion de sauce Béchamel (voir p. 12)
180 g de cheddar (ou de gruyère) râpé
50 g de chapelure fraîche
3 cuillerées à soupe de parmesan râpé
huile d'olive, pour mélanger et arroser
sel et poivre noir du moulin

recette

Faites cuire les macaronis en suivant les indications figurant sur l'emballage. Égouttez-les, remettez-les dans la casserole, arrosez d'un filet d'huile et mélangez. Pendant ce temps, préchauffez le gril du four. Versez la béchamel dans une casserole, incorporez le cheddar et faites chauffer à feu moyen. Salez et poivrez. Versez sur les pâtes, puis transférez le tout dans un plat à gratin. Parsemez de chapelure et de parmesan, puis arrosez d'un filet d'huile d'olive. Faites gratiner 10 minutes sous le gril.

SALADE D'ORGE ORIENTALE

Préparation : 5 minutes
Cuisson : 40 minutes

pour 4 personnes, en accompagnement

180 g d'orge perlé
40 g de raisins de Corinthe
40 g de pignons torréfiés
1 belle poignée d'herbes mélangées ciselées (coriandre, menthe et persil)
4 cuillerées à soupe d'huile d'olive vierge extra
2 cuillerées à soupe de jus de citron
4 cuillerées à soupe de graines de grenade
sel et poivre noir du moulin

157

recette

Faites cuire l'orge en suivant les indications figurant sur l'emballage. Égouttez-le, rincez-le à l'eau froide et étalez-le sur une assiette pour qu'il sèche en refroidissant. Pendant ce temps, fouettez l'huile avec le jus de citron. Transvasez l'orge dans un saladier avec les raisins, les pignons et les herbes. Ajoutez juste assez de sauce pour enrober les ingrédients. Salez et poivrez généreusement. Parsemez de graines de grenade et servez.

TABOULÉ DE QUINOA

Préparation : 10 minutes

pour 4 personnes

160 g de quinoa cuit, bien égoutté (environ 70 g de quinoa cru)
150 g de tomates grappe bien mûres, finement hachées
60 g de feuilles et fines tiges de persil finement ciselées
1 ½ cuillerée à café de ras-el-hanout
3 cuillerées à soupe de jus de citron
3 cuillerées à soupe d'huile d'olive vierge extra
sel et poivre noir du moulin

recette

Fouettez le ras-el-hanout, le jus de citron et l'huile. Salez, poivrez. Mélangez le quinoa avec les tomates et le persil dans un saladier. Ajoutez juste assez de sauce pour enrober les ingrédients et mélangez. Rectifiez l'assaisonnement.

SALADE DE QUINOA, CHOU-FLEUR & AVOCAT

Préparation : 5 minutes
Cuisson : 25 à 30 minutes

pour 4 personnes, en accompagnement

1 gros chou-fleur détaillé en petites fleurettes
120 g de quinoa bien rincé
1 avocat dénoyauté, épluché et coupé en lamelles
20 g de feuilles et fines tiges de coriandre ciselées
3 cuillerées à soupe d'huile d'olive vierge extra + un filet
2 cuillerées à soupe de jus de citron
sel et poivre noir du moulin

recette

Préchauffez le four à 220 °C. Enrobez le chou-fleur de 1 cuillerée à soupe d'huile, salez et enfournez pour 25 à 30 minutes de cuisson. Pendant ce temps, mélangez le quinoa, ½ cuillerée à café de sel, un filet d'huile et 330 ml d'eau dans une casserole. Portez à ébullition puis baissez le feu et laissez mijoter 15 minutes sans couvrir, jusqu'à ce que le quinoa ait absorbé toute l'eau et qu'il soit tendre. Couvrez et laissez gonfler hors du feu. Laissez le quinoa refroidir. Mélangez le chou-fleur, le quinoa, la coriandre, 1 cuillerée à soupe d'huile et la moitié du jus de citron. Ajoutez l'avocat, ainsi que le reste d'huile et de jus de citron. Goûtez et rectifiez l'assaisonnement.

NOUILLES À LA SAUCE AUX CACAHUÈTES

Préparation : 5 minutes
Cuisson : 4 minutes

pour 4 personnes

250 g de nouilles chinoises aux œufs
100 g de beurre de cacahuètes avec des morceaux
2 cuillerées à soupe de sauce aux piments doux
1 cuillerée à soupe de sauce soja
le jus de ½ citron vert + selon votre goût

recette

Faites cuire les nouilles en suivant les indications figurant sur l'emballage, puis égouttez-les bien. Pendant ce temps, mélangez les autres ingrédients avec 3 ou 4 cuillerées à soupe d'eau tiède pour confectionner une sauce. Salez, poivrez, goûtez et ajoutez si nécessaire du jus de citron vert. Mélangez la sauce et les nouilles chaudes avant de servir.

POLENTA AUX CHAMPIGNONS SAUTÉS

Préparation : 5 minutes
Cuisson : 35 minutes

pour 4 personnes

500 g de mélange de champignons émincés
300 g de polenta fine ou instantanée (semoule de maïs)
120 g de parmesan râpé + un peu pour garnir
1,8 l de bouillon de volaille (ou de légumes) + un peu pour les champignons
120 g de beurre
2 cuillerées à soupe d'huile d'olive

recette

Portez le bouillon à ébullition dans une casserole. Ajoutez la polenta et fouettez jusqu'à ce qu'elle commence à épaissir. Faites-la cuire 30 minutes sur feu très doux, à couvert et en fouettant toutes les 5 minutes, jusqu'à ce qu'elle soit bien onctueuse. Incorporez le parmesan et 90 g de beurre. Couvrez et réservez. Faites chauffer le beurre restant et l'huile dans une poêle. Ajoutez les champignons et faites-les sauter 5 minutes à feu vif. Mouillez avec un filet de bouillon. Servez les champignons sur un lit de polenta.

DOUCEURS

Aucun livre de recettes basiques ne serait complet
sans quelques gâteaux, biscuits et desserts gourmands.
Si savoureux, et pourtant faciles et rapides à préparer...

CRÈME ANGLAISE

Préparation : 5 minutes
Cuisson : 10 minutes

pour 350 ml

150 ml de lait
150 ml de crème liquide à 30 % de MG
50 g de sucre en poudre
1 gousse de vanille (graines grattées et gousse réservée)
4 jaunes d'œufs

recette

Versez le lait, la crème liquide, les graines et la gousse de vanille dans une petite casserole. Portez à frémissement, mais sans atteindre l'ébullition, puis retirez du feu. Battez les jaunes d'œufs et le sucre jusqu'à l'obtention d'une préparation claire et crémeuse.
Retirez la gousse de vanille du lait chaud. Incorporez-le progressivement aux jaunes battus en fouettant. Transférez la crème dans la casserole et faites-la chauffer sur feu moyen, en remuant, jusqu'à ce qu'elle nappe le dos de la cuillère.

COOKIES AUX PÉPITES DE CHOCOLAT

Préparation : 10 minutes
Cuisson : 15 à 18 minutes

pour 18 cookies

250 g de farine
225 g de vergeoise
125 g de beurre doux ramolli
120 g de pépites de chocolat noir
1 œuf légèrement battu
½ cuillerée à café de bicarbonate de soude
1 belle pincée de sel

recette

Préchauffez le four à 180 °C et chemisez une grande plaque de papier cuisson. Fouettez le beurre et le sucre jusqu'à l'obtention d'un mélange crémeux. Incorporez l'œuf, puis la farine, le bicarbonate, le sel et le chocolat. Formez des boules de la taille d'une balle de golf et posez-les sur le papier cuisson en les espaçant bien – vous devrez peut-être utiliser plusieurs plaques. Aplatissez-les à l'aide d'une fourchette et enfournez-les pour 15 à 18 minutes, en faisant pivoter la plaque à mi-cuisson pour que les cookies soient dorés uniformément. Transférez-les sur une grille pour les laisser refroidir.

BROWNIES

Préparation : 20 minutes
Cuisson : 25 minutes + Refroidissement : 5 minutes

pour 16 parts

200 g de chocolat noir (70 % de cacao au minimum) coupé en morceaux + 50 g grossièrement haché
200 g de sucre
200 g de beurre coupé en dés
80 g de farine
3 œufs
1 pincée de sel
huile végétale, pour le moule

recette

Préchauffez le four à 180 °C. Chemisez un moule carré de 20 cm de côté avec une feuille d'aluminium et badigeonnez-la d'huile. Faites fondre 200 g de chocolat et le beurre au bain-marie. Laissez refroidir 5 minutes hors du feu. Incorporez les œufs dans le chocolat refroidi, en fouettant, puis le sucre, la farine, les morceaux de chocolat restants et le sel. Versez la pâte dans le moule et enfournez pour 25 minutes de cuisson – les bords du gâteau doivent se détacher des parois. Laissez-le refroidir dans le moule puis coupez-le en 16 parts.

GÂTEAU AU CHOCOLAT SANS FARINE

Préparation : 15 minutes
Cuisson : 50 minutes

pour 12 parts

250 g de chocolat noir (70 % de cacao au minimum) coupé en morceaux
250 g de sucre
250 g de beurre doux coupé en dés + un peu pour le moule
6 œufs, blancs et jaunes séparés
2 cuillerées à soupe de café fort ou d'expresso
1 pincée de sel fin

recette

Préchauffez le four à 180 °C et graissez un moule à charnière de 23 cm de côté. Faites fondre le chocolat et le beurre au bain-marie. Mélangez et réservez. Montez les blancs en neige presque ferme et incorporez le sucre jusqu'à l'obtention d'un mélange brillant. Battez les jaunes d'œufs avec le café, le sel et le chocolat fondu, puis incorporez les blancs d'œufs. Versez dans le moule et faites cuire 50 minutes. Laissez le gâteau refroidir dans son moule – il va dégonfler, c'est normal – et démoulez-le.

BUNDT CAKE

Préparation : 10 minutes
Cuisson : 40 minutes + Refroidissement : 30 minutes

pour 8 parts

250 g de sucre
250 g de farine + un peu pour le moule
90 ml de lait
250 g de beurre ramolli + un peu pour le moule
5 œufs légèrement battus
2 cuillerées à café de levure chimique
2 cuillerées à café d'extrait de vanille

recette

Préchauffez le four à 180 °C. Beurrez généreusement un moule à bundt cake de 2 litres et farinez-le. Fouettez le beurre et le sucre jusqu'à l'obtention d'un mélange clair et mousseux, puis incorporez progressivement les œufs et la vanille. Incorporez la farine et la levure, en plusieurs fois et en alternance avec le lait. Versez la pâte dans le moule, lissez la surface et enfournez pour 40 minutes environ, jusqu'à ce qu'un couteau piqué au centre ressorte sec. Laissez refroidir 30 minutes avant de démouler sur une grille.

CHEESECAKE

Préparation : 10 minutes + Réfrigération : 2 heures

pour 8 parts

200 g de biscuits au gingembre (ou biscuits secs de votre choix)
350 g de mascarpone
350 g de fromage à tartiner de type Philadelphia®
80 g de beurre fondu
30 g de sucre glace

recette

Mixez les biscuits dans un robot jusqu'à l'obtention de miettes. Mélangez-les avec le beurre. Tassez ce fond de tarte dans un moule à charnière de 20 cm de diamètre et placez au réfrigérateur. Battez le reste des ingrédients. Lorsque le mélange est crémeux, étalez-le sur la base et laissez durcir au minimum 2 heures au réfrigérateur avant de démouler.

TARTE AU CITRON

Préparation : 10 minutes
Cuisson : 20 à 25 minutes + Refroidissement et réfrigération : 2 h 30

pour 8 parts

1 rouleau de pâte brisée
300 g de sucre en poudre
200 g de beurre doux coupé en dés
le zeste finement râpé de 6 citrons et 250 ml de jus
4 œufs et 3 jaunes d'œufs légèrement battus

recette

Préchauffez le four à 200 °C. Faites cuire la pâte à blanc dans un moule de 20 cm de diamètre (voir p. 10). Versez le sucre, le zeste et le jus de citron dans une casserole, puis fouettez jusqu'à dissolution partielle du sucre. Ajoutez le beurre et les œufs, puis laissez chauffer sur feu moyen pendant 5 à 10 minutes, en mélangeant et en raclant les parois de la casserole à l'aide d'une spatule – la crème doit épaissir sans bouillir. Si elle est grumeleuse, passez-la au chinois. Étalez la crème sur la pâte. Laissez la tarte refroidir puis placez-la au réfrigérateur pendant 2 heures.

MOUSSE AU CHOCOLAT

Préparation : 30 minutes + Réfrigération : 2 heures

pour 4 personnes

200 g de chocolat noir (70 % de cacao au minimum) coupé en morceaux
60 g de sucre
150 ml de crème fraîche liquide à 30 % de MG
3 blancs d'œufs
1 pincée de fleur de sel

183

recette

Faites fondre le chocolat au bain-marie avec le sel. Réservez. Montez les blancs en neige presque ferme, puis incorporez le sucre jusqu'à l'obtention d'un mélange brillant. Fouettez la crème fraîche pour qu'elle épaississe et monte légèrement, puis mélangez-la avec le chocolat. Incorporez délicatement les blancs à la préparation. Versez la mousse dans des ramequins individuels et laissez prendre au minimum 2 heures au réfrigérateur.

FONDANTS AU CHOCOLAT

Préparation : 20 minutes
Cuisson : 12 minutes

pour 4 personnes

150 g de chocolat noir (70 % de cacao au minimum) coupé en morceaux
120 g de sucre
120 g de beurre doux + un peu pour les moules
50 g de farine + un peu pour les moules
2 œufs
1 pincée de sel

recette

Préchauffez le four à 180 °C et placez-y une plaque de cuisson. Beurrez et farinez 8 moules individuels de 5 cm de diamètre. Faites fondre le chocolat et le beurre au bain-marie. Mélangez et réservez. Pendant ce temps, battez les œufs avec le sucre et le sel jusqu'à l'obtention d'un mélange crémeux. Incorporez le chocolat, puis la farine. Versez dans les moules, posez ces derniers sur la plaque chaude et enfournez pour 12 minutes. Passez la lame d'un couteau le long des parois des moules pour décoller les fondants et démoulez-les sur des assiettes.

CRÊPES

Préparation : 5 minutes
Cuisson : 1 minute 30 par crêpe

pour 6 crêpes

300 ml de lait
130 g de farine
1 pincée de sel
1 pincée de sucre
1 gros œuf
1 cuillerée à soupe bombée de beurre, fondu et refroidi + un peu pour la cuisson

recette

Fouettez tous les ingrédients jusqu'à l'obtention d'un mélange onctueux. Faites chauffer une crêpière sur feu vif, ajoutez une noisette de beurre et étalez-la avec du papier absorbant. Baissez à feu moyen, versez une petite louche de pâte et faites tourner la crêpière pour l'étaler. Après 1 minute, soulevez le bord de la crêpe à l'aide d'une spatule. Si elle est dorée, retournez-la, sinon poursuivez la cuisson. Faites dorer l'autre face pendant 30 secondes, puis faites glisser la crêpe sur une assiette. Répétez l'opération jusqu'à épuisement de la pâte.

PANCAKES À L'AMÉRICAINE

Préparation : 10 minutes
Cuisson : 1 à 2 minutes par pancake

pour 8 pancakes

100 g de farine à levure incorporée (ou 95 g de farine + 1/2 sachet de levure chimique, tamisées)
130 ml de lait
1 gros œuf légèrement battu
½ cuillerée à café de levure chimique
1 cuillerée à café de sucre en poudre
1 cuillerée à soupe de beurre fondu et refroidi + un peu pour la cuisson
1 pincée de sel

recette

Mélangez la farine, la levure, le sucre et le sel dans un saladier. Fouettez le lait, l'œuf et le beurre dans un récipient à part. Incorporez progressivement au mélange à base de farine, en fouettant. Faites chauffer une poêle sur feu vif et badigeonnez-la de beurre. Quand elle est chaude, versez la pâte en formant des pancakes de 8 cm de diamètre. Faites-les cuire 1 minute, jusqu'à ce que de petits cratères se forment à la surface, puis retournez-les et poursuivez la cuisson 30 à 60 secondes. Répétez l'opération jusqu'à épuisement de la pâte.

INDEX

REMERCIEMENTS

Merci à la formidable équipe de Marabout d'avoir produit un si beau livre : Catie Ziller, Alice Chadwick, Victoria Wall Harris, Anna Hampton et Kathy Steer. Grâce à vous, le travail de l'auteur est facilité !

Énormes mercis à mon équipe de testeurs habituels : Adam, Ruby et Ben.
Encore une fois, sans vous ce livre n'existerait pas !

Ouvrage coréalisé en Grande-Bretagne par :

Coordination éditoriale : Catie Ziller

Suivi éditorial : Kathy Steer

Auteur : Sue Quinn

Photographe : Victoria Wall Harris

Styliste culinaire : Anna Hampton

Graphiste et illustratrice : Alice Chadwick

Pour la traduction française :

Suivi éditorial : Marion Pipart - La Nouvelle

Traduction : Anne-Claire Levaux

Préparation des textes : Céline de Quéral

Relecture : Sabrina Bendersky

Maquette : François Giraudet

PAPIER À BASE DE FIBRES CERTIFIÉES

MARABOUT
s'engage pour l'environnement en réduisant l'empreinte carbone de ses livres.
Celle de cet exemplaire est de :
1600 g éq. CO_2
Rendez-vous sur www.marabout-durable.fr

58, rue Jean Bleuzen
92178 Vanves Cedex

72-1217-7/01

ISBN : 978-2-501-11520-9

Dépôt légal : juin 2016

Achevé d'imprimer en mai 2016
sur les presses de Stige en Italie